Karl Schmidt
Kleine Momente des Innehaltens

KARL SCHMIDT

Kleine Momente des Innehaltens

GEBETE • GEDANKEN • IMPULSE

claudius

Über den Autor

Karl Schmidt, Jahrgang 1949, ist naturverbunden auf einem Bauernhof in Franken aufgewachsen. Später studierte er am theologischen Seminar Johanneum in Wuppertal, wurde staatl. anerkannter Erzieher und legte die 2. Kirchliche Prüfung ab. Er arbeitete fast 30 Jahre mit Leidenschaft als Dekanatsjugendreferent und war danach 13 Jahre in der kirchlichen Erwachsenenbildung tätig. Karl Schmidt ist verheiratet und hat drei erwachsene Kinder. Dies ist sein erstes Buch im Claudius Verlag.

Copyright © Claudius Verlag, München 2015
www.claudius.de
Alle Rechte vorbehalten. Das Werk darf – auch teilweise –
nur mit Genehmigung des Verlages wiedergegeben werden.
Umschlaggestaltung: Kerstin Mühl, Kreuzlingen
Umschlagfoto: © Subbotina Anna/Fotolia.com
Druck: Finidr, s.r.o., Český Těšín

ISBN 978-3-532-62476-0

In Dankbarkeit meiner Frau Gerlinde
sowie unseren Kindern Christopher, Mirjam und Lea gewidmet,
die mich in vielen alltäglichen Situationen
meines kirchlichen Dienstes unterstützt
und begleitet haben.

Sehr herzlich danke ich auch
meinem ehemaligen Dekan Gerhard Zimmermann
und seiner Frau Gisela.
Sie vor allem haben mich ermutigt, meine Texte
nicht in der Ablage zu belassen.

Inhalt

8   Vorwort

10   Alltag
12   Was mir gut
14   Von Gott berührt
16   Knospen
18   Osterglocken
20   Die Hütte Gottes
22   Ich glaube es ihnen nicht mehr
24   Vorbei all die Schönheit
26   Du hast meine Füße in diese Welt gestellt
28   Wurzeln
30   Schlafplatz
32   Würdenträger
34   Hereingebrochen
36   Adam bin ich, Adam bist du
38   Wo ist Gott?
40   Brot ist mehr als nur Brot
42   Saat und Ernte
44   Reichtum und Armut
46   Fünf Brote und zwei Fische
48   Weniger ist mehr
50   Was Gott in dieser Welt braucht
52   Am Getreidefeld
54   Kaum zu glauben, aber wahr
56   Verletzungen
58   Dein Weg
60   Der Duft der Rose
62   Ein wacher Mensch
64   Servus
66   Schau dir die Vögel an
68   Viel Vergnügen
70   Rechthaber
72   Wir trauen uns

74 Den Globus in Händen
76 Feierabend
78 Die Pracht der Blumen
80 Das Geheimnis von Kraft
82 Du bist gut!
84 Gottesdienst am Komposthaufen
86 Mein Dorf
88 Pflege
90 Gott sei Dank
92 Hymnus der Milliarden Jahre
94 So spielt das Leben
96 Maria
98 Was bleibt
100 Wenn ich sterbe
102 Vergessen
104 Weihnachten
106 Hinauf zu den Sternen
108 Jahresringe
110 Gottes Segen

112 Bildnachweis

VORWORT

Alltag und Innehalten

„Schönes Wochenende!", „guten Sonntag!", „schönen Feierabend!"…
– diese Wünsche gehören ganz berechtigt zu unserem üblichen
Sprachgebrauch. Benötigen wir doch für unser Leben regelmäßig
diese Auszeiten wie den entspannten Feierabend, den erholsamen
Sonntag und das frei verfügbare Wochenende. Auch die beiden großen Kirchen in unserem Land bemühen sich in jüngster Zeit verstärkt
zu Recht um den Erhalt des Sonntags und seinen besonderen Wert
für uns Menschen. Dieser Tag darf nicht auch noch völlig kommer-
zialisiert werden. Wir brauchen ganz notwendig diese gemeinsamen
freien Zeiten!

Obwohl ich dem voll zustimme und die Gefahr für den Sonntag
ebenso sehe, plädiere ich mittlerweile aber auch genauso vehement
dafür, den Wert und den Segen des Alltags nicht aus den Augen zu
verlieren. Es scheint mir nämlich so, als wäre man in unseren Kirchen zu häufig nur fixiert auf den Sonntag. Das halte ich für falsch,
denn dabei wird christlicher Glaube sehr leicht reduziert auf eine
Stunde feierlichen Gottesdienst. Hier die erhebende, besondere Zeit,
dort der graue verächtliche Alltag. Auch die Bilder und Berichte von
kirchlichen Ereignissen in mancherlei Medien vermitteln nicht selten
nur dieses „Sonntagsgesicht" des Glaubens. Die Realität des ach so
normalen Alltags wird ausgeblendet. Dabei entsteht leider ein völlig
falsches Bild von gelebtem Christsein. In Wirklichkeit ist es gerade
der Alltag, der ganz normale tägliche Alltag, der unseren christlichen
Glauben zum Tragen bringt. Der Alltag ist es, der zeigt und spüren
lässt, was unser Glaube an Gott hergibt und wie unser Vertrauen in
Gottes Wegbegleitung Sinn macht.

Kleine alltägliche Begebenheiten und Wahrnehmungen können
den Blick öffnen für eine große Wirklichkeit. Bei vielfältigen Gele-
genheiten im Rahmen von kirchlicher Bildungsarbeit und unterwegs
mit den unterschiedlichsten Menschen bei Veranstaltungen, Gottes-
diensten, Pilgerwegen, Urlaubsfreizeiten oder Einkehrtagen habe ich
versucht, diese alltägliche Seite des Glaubens ins Spiel zu bringen.

Der vorliegende Band enthält meditative Texte und Beiträge, die diesem Bemühen entstammen. Gerne möchte ich mit dieser Sammlung helfen, den „Segen des Alltags" wieder neu zu entdecken und hier bei den kleinen, einfachen Gegebenheiten das Innehalten zu wagen. Schließlich liegt nicht nur auf dem Sonntag ein besonders schöner, göttlicher Glanz, sondern auch und gerade auf all unseren Alltagssituationen. Je länger ich jedenfalls lebe und je mehr ich diesen Blick habe, desto deutlicher wird mir, dass die einfachsten Dinge meines Alltags tatsächlich einen besonderen Segen beinhalten. So ermutige ich gerne zu einem Glauben, der das Prädikat trägt: „einfach ganz alltäglich".

Karl Schmidt

ALLTAG

Davon bin ich mittlerweile überzeugt...

man kann Gott nicht nur
mit Gottesdienst, Gebet und schönen Stimmen
am Sonntag in der Kirche loben,
und nicht nur Orgel, Kerzen und Talar
sind dazu die geeigneten Instrumente.
Auch der Alltag von Montag bis Samstag
ist unserem Gott heilig,
selbst Besen, Kochtopf und die Haushaltskasse
sind tauglich zur Anbetung.

Zeit für mein Kind bei seinen Schulaufgaben,
Geduld bei der Pflege unseres Angehörigen,
Gespür für die Trauer meiner Nachbarin,
mit Begeisterung den Kuchen zu backen,
mit Sorgfalt meine Aufgabe im Dorf zu tun,
den schon längst notwendigen Brief zu schreiben...
das alles und noch mehr
ist Liturgie in Gottes Ohr.

Manchmal scheint es
als drehe ich im Kreis,
als wäre ich ausgeliefert einer Spirale,
als verlaufe ich mich im Irrgarten...
In Wirklichkeit aber
sind alle meine Alltagssituationen
auch gute Wege nach innen,
Wege ins Heilige,
Wege zum Segen,
Wege zu Gott.

WAS MIR GUT TUT

Was mir immer wieder gut tut,
sind die kleinen Dinge an meinem Weg.
Die warme Sonne auf meiner Haut.
Das frische Wasser für den Durst.
Das glänzende Spinnennetz im Morgentau.
Der Duft einer blühenden Bergwiese.
Das Summen der fleißigen Hummel.
Kleines hat eine besondere Größe!

Was mir immer wieder gut tut,
ist die Würde der einfachen Leute.
Das echte, ehrliche Lachen der Kinder.
Die Wertachtung unter Nachbarn.
Die Aufmerksamkeit eines Freundes.
Die von Erfahrung gezeichneten Gesichter
alter Menschen.
Die zärtliche Berührung als Ausdruck von Nähe.
Einfaches hat eine besondere Schönheit!

Was mir immer wieder gut tut,
ist das schlichte verstehbare Wort.
Der freundliche Gruß bei einer Begegnung.
Das herzliche Dankeschön für meine Mühe.
Der schöne Trost, dass alles gut ist.
Das Wort der Versöhnung nach dem Streit.
Der Zuspruch von Gottes Gnade
am Ende eines belastenden Tages.
Und ganz und gar unübertrefflich
ist die schlichte Zusage von „Segen".

Von Gott berührt

Es „berührt",
wie Franziskus von Assisi sich
am Ende seines Lebens nackt und bloß
zum Sterben ganz bewusst
auf „seines Gottes Erde" legte.
Die große Liebe seines Lebens
leuchtet darin auf:
die grenzenlose Liebe Gottes,
die diese Erde berührt.
Alles in dieser Welt
ist ihm heilig geworden –

die Pflanzen, die Früchte, der Ackerboden
und auch die harte Arbeit mit ihm,
Gänse und Tauben, Schweine und Ziegen
und selbst der gefährliche Wolf.

Kinder, Alte, Kranke, Ausgegrenzte
samt ihrer Leiden und Hinfälligkeit,
Feste und Feiern, Tanzen und Singen,
aber auch das Tragen von Trauer,
Verletzung und Schmerz.

So will auch ich lernen, verstehen, begreifen,
wie alles in meiner Welt
berührt ist von Gottes grenzenloser Liebe.
Niemand mehr soll mir einreden können
es gäbe gottlose Orte und Zeiten.
Alles ist von Gott berührt,
ja, alles ist mit Liebe berührt!

KNOSPEN

Jahr für Jahr begeistert es mich,
wenn ich im Herbst und Winter
an Obstbäumen und Sträuchern
bereits die Blütenknospen
für den kommenden Frühling sehe.
Schon in dunklen, frostigen,
saftlosen Zeiten
schlummert in ihnen
ein Duft,
eine Farbe,
ein Glanz,
eine Schönheit,
Aufbruch und Zukunft,
ja selbst Frucht und Ernte.
Ob ich solche Perspektiven
auch für mich und dich
ahnen, hoffen,
träumen, glauben darf –
vor allem dann
wenn Alltagsnot und düstere Gedanken,
Trübsinn oder Verzweiflung
den Blick nach vorne
verstellen?
Meine Güte,
was wäre ich arm,
wenn ich die Knospen
an unseren Bäumen
übersähe.

OSTERGLOCKEN

Viele kleine Glocken haben sie aufgehängt
in ihrem Olivenbäumchen,
die Kinder von Bardolino.
Offenbar eine lieb gewordene Tradition
südlich der Alpen
in den Wochen um Ostern.
Aus kleinen Joghurtbechern
haben sie ihre Glocken gestaltet
mit Farbe bemalt
und mit Schleifchen verziert.
Abfallprodukte unseres Alltags
haben diese Kinder
in Lebens- und Hoffnungszeichen
verwandelt.
Diese Verwandlung durch Kinderhände
geht mir zu Herzen
und ich höre das Geläut
der kleinen, stillen Plastikglöckchen
ganz deutlich.
Ihr Ruf und ihre Botschaft
wecken in mir
Zuversicht und Vertrauen,
dass sich auch die kleinen Dinge
und Gegebenheiten meines Alltags,
meiner Mühen, Aufgaben
und Kleinkrämereien
in spürbare Zeichen
von Veränderung, Gerechtigkeit
und Leben verwandeln.
Wir beide, du und ich,
sollen wie die Kinder von Bardolino
auf dem Hintergrund von Ostern
diese Wahrheit fröhlich in die Welt setzen!

DIE HÜTTE GOTTES

Gott,
in unsere Welt
hast du deine „Hütte" gestellt.

Sie ist mir
wertvoller als der gigantische Dom,
tröstlicher als die sakrale Basilika,
hilfreicher als alle vergoldeten Altäre.
Die einfache Hütte
ist mir ein deutliches Zeichen
deiner Nähe
bei mir unten
in den Niederungen des Lebens,
in der Vergänglichkeit meiner Zeit,
in den Belastungen des Alltags,
in den Anfechtungen meiner Seele.
Im Zeichen von Stall und Kreuz
bekommt das Göttliche auf dieser Erde
ein neues Gesicht
und wird alles Irdische nicht nur erträglich,
sondern überaus lebenswert.

So gehe ich gerne irdisch
meinen Weg weiter
und lebe fröhlich in meiner „Hütte",
weil deine „Hütte", Gott, daneben steht.

ICH GLAUBE ES IHNEN NICHT MEHR

Ich glaube es ihnen nicht mehr,
wenn sie lautstark predigen von einem Gott,
der angstmachend richtet,
wenn sie auf göttliche Macht pochen,
um eigene Machtansprüche zu erheben,
wenn sie mit Vorherbestimmung argumentieren,
um den eigenen Willen klein zu halten
und wenn sie das Bild an die Wand malen
von einem zornigen Gott,
der das Opfer zur Versöhnung braucht.

Ich glaube es ihnen nicht mehr,
seit ich das Kind im Arm halten durfte,
mein kleines Enkelkind,
ein paar Tage alt –
seinen Mund, seine Nase, seine Augen,
seine Finger und seine Füße betrachtend –
und ich noch einmal ganz neu
zu verstehen begann:
so kommt auch Gott daher,
klein, zart, sanft,
schwach, machtlos
in einem Kind.

Danke, mein Gott,
für dieses Bild von dir,
ganz menschlich nah bei mir.

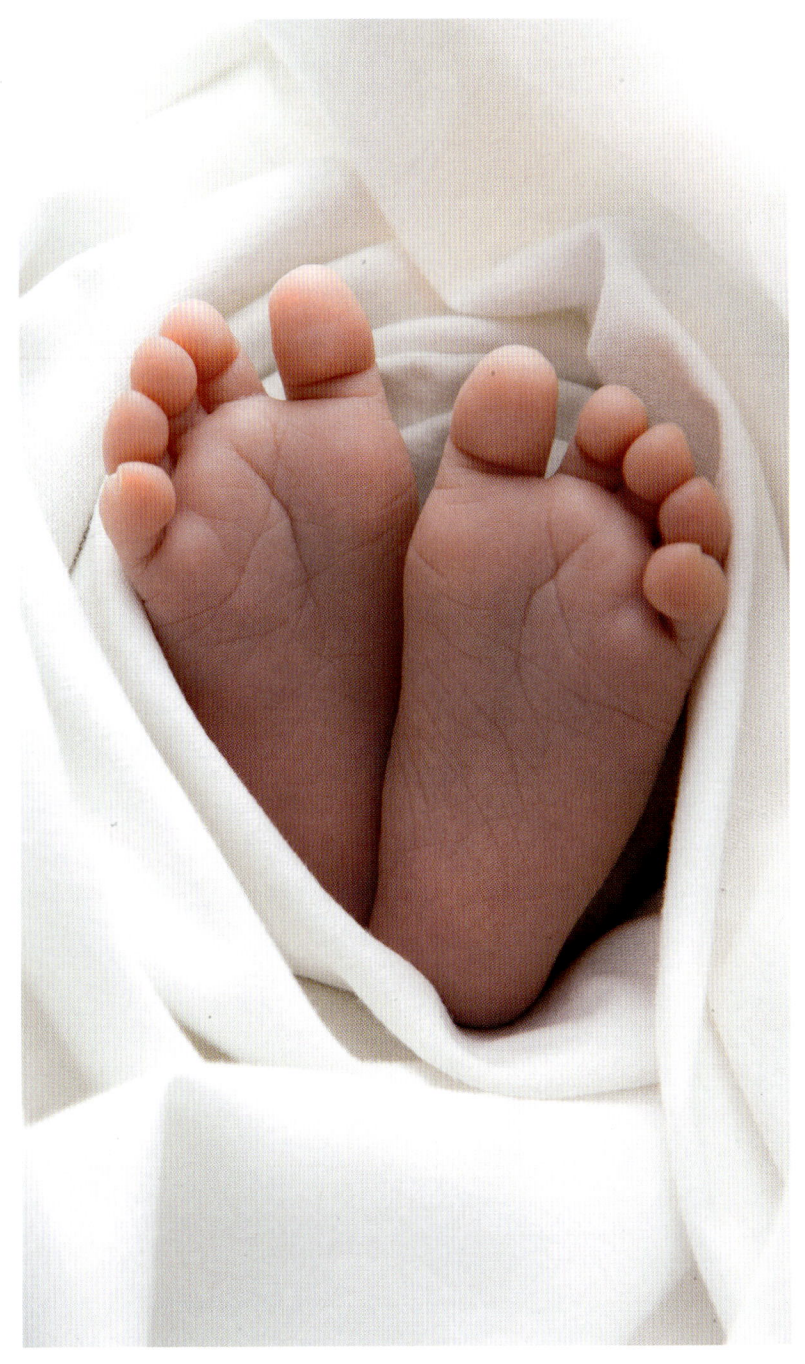

VORBEI ALL DIE SCHÖNHEIT

Ich höre das Konzert
der Zikaden nicht mehr,
der Salzgeschmack des Meeres
liegt nicht mehr auf der Zunge
und die Sonne des Südens
spüre ich nicht mehr
auf meiner Haut.

Ich sehe die Majestät
der Berge nicht mehr,
die Stille der Abgeschiedenheit
fehlt meiner unruhigen Seele
und das einfache Nichtstun
verbietet mein voller Kalender.

Vorbei all die Schönheit
besonderer Tage und Zeiten?
Vorbei, was das Leben
reich macht und gut?
Mitnichten vorbei und passé!
Jetzt wartet die Schönheit
des Alltags auf mich,
„mein täglich Brot"
hat auch seinen Glanz,
und Gott wird mir
die Normalität meines Daseins
ebenso füllen und segnen.

Du hast meine Füsse in diese Welt gestellt

Du hast meine Füße in diese Welt gestellt,
in deine Welt hast du sie gestellt,
mein Gott.
Wo immer ich auch hintrete,
neugierig und erwartungsvoll, behutsam und vorsichtig,
manchmal auch ängstlich und zaghaft,
fragend und hilflos in neuen Situationen,
du führst mich an deiner Hand
und gehst selbst neben mir mit.
So kann ich mich trauen und weit gehen.

Du hast meine Füße auf diese Erde gestellt,
in deine Schöpfung hast du sie hineingestellt,
mein Gott.
Wofür immer ich mich öffne,
darf ich erkunden und entdecken
die Pflanzen, die Tiere, die Kräfte, die Klänge,
die Düfte, den Geschmack, die Worte, die Geschichten
und auch die schöne Musik.
In allem begegnest du mir als Freund des Lebens
und erweckst auch in mir die Liebe zu allem, was ist.
So kann ich weit über mich hinausgehen.

Du hast meine Füße unter die Menschen gestellt,
unter meine Mitmenschen hast du sie gestellt,
mein Gott.
Wer immer mir auch entgegenkommt,
vertraut oder fremd, offen oder verschlossen,
voll Freude oder traurig, weiß oder schwarz,
sie alle sind bei dir bekannt,
du magst jeden in seiner Art
und hast für alle deinen besonderen Weg.
So darf auch ich der Mensch werden, der ich bin,
und ein weites Herz haben für mich selbst und für sie.

WURZELN

Ich habe Wurzeln,
ja, sie gehören zu mir.
Die Erfahrungen in der Herkunftsfamilie,
die Nachbarn, das Dorf, die Stadt,
die Schule, der Lehrer, die Freunde,
Land und Leute eben, wie man so sagt,
samt ihrer Werte, Normen und Traditionen.

Mein Menschsein hat Wurzeln,
auch das gehört zu mir.
Was tief vergraben ist unten in der Seele,
was gespeichert ist an Zuwendung,
was mich gezeichnet hat an Ablehnung,
was archaisch noch in mir ist aus Urzeiten
samt aller Prägungen im Laufe der Evolution.

Mein Glaube hat Wurzeln,
meist aus ganz menschlichen Bezügen:
in Begegnungen mit Christen, die mir Freunde waren,
in Gottesbildern, die aus Enge in die Weite führten,
in einer Spiritualität, die auch das Fremde zuließ,
im Geben und Empfangen von Vertrauen
samt aller Zeichen seiner Liebe.

Was also zu mir gehört, kann ich bejahen,
beachten, beschauen, behutsam bewahren.
Das aber kann auch der Mensch neben mir
mit seiner Vergangenheit, seiner Prägung,
seiner ureigenen Persönlichkeit.
Und wir beide dürfen uns freuen an dem,
was wir so verschiedenartig füreinander sind.

SCHLAFPLATZ

Heute wurden bei uns zuhause
die Betten frisch bezogen.
Richtig angenehm und gesundheitsfördernd
ist das Ergebnis dieser Prozedur.
Mein Gott, wie tut das gut,
dass ich immer wieder
erholsam schlafen kann.
Heute meldeten die Nachrichten aber auch
die Ankunft eines
übervoll besetzten Flüchtlingsbootes
im Süden von Europa
und die Überführung vieler Menschen
in die Aufnahmelager unseres Landes.
So liege ich heute
im frisch bezogenen Bett
und kann doch lange nicht einschlafen.
Meine Gedanken gehen zu denen,
die keinen Schlafplatz wie ich haben,
die lediglich auf einer Pritsche liegen
in Erwartung und Hoffnung,
dass sich gastfreundliche Türen öffnen.
Heute wurden bei uns zuhause
die Betten frisch bezogen.
Doch lieber wäre mir,
mein Gott,
dass auch die gut schlafen können,
die als Fremde an diesem Tag
hilfesuchend hier angekommen sind.

WÜRDENTRÄGER

Welch eine Würde, Gott,
die du meinem Leben verleihst.

Wenn du einem Kranken Heilung schenkst,
dann darf das geschehen durch meine Pflege.
Wenn du einen Hungernden satt machst,
dann verwandelst du meine Gabe
in sein tägliches Brot.

Wenn du deine segnende Hand
auf meinen Nächsten legst,
dann dürfen meine leeren Hände
deinen Segen zu ihm tragen.

Und wenn ich selbst deiner Hilfe bedarf,
bin ich schon längst getragen von dir
wie ein Kind.

Welch eine Würde, Gott,
die du meinem Leben verleihst!

Nein, „Würdenträger"
sind nicht nur die da oben
mit Talar, Lutherrock und Bischofsstab,
Würde tragen auch alle kleinen Leute,
unten, ganz unten
im Alltag dieser Welt.

HEREINGEBROCHEN

Hereingebrochen
ist er über mich,
der Platzregen
aus fast heiterem Himmel,
ganz unerwartet
und ganz und gar unpassend,
mitten im freien Feld,
aus nur einer kleinen Wolke
über mir.

Aber dann,
aber dann bei den nächsten
Strahlen der Sonne,
mitten auf freiem Feld
ein Glanz
auf allen Gräsern und Blüten,
ein Dampf und Duft
aus der Erde
und ein Singen der Vögel
rings um mich her.

Hereinbrechen
muss es manchmal über uns,
buchstäblich hereinbrechen,
damit wir neu sehen und spüren,
auf welch doch so schöne
und gute Erde
Gott unsere Füße stellte.

ADAM BIN ICH, ADAM BIST DU

Welch verhängnisvoller Fehler der Kirche,
Adam und Eva in graue Urzeit zu verbannen,
sie als erste Menschen abzustempeln
und ihnen eine Art Ur-Sünde anzuhängen,
die sich angeblich sogar
auf alle ihre Nachkommen überträgt.
So schnell und bequem
schiebt man ganz einfach
anderen und allen Umständen
den „schwarzen Peter" zu.

Dabei ist es doch so:
Adam bin ich,
und Adam bist du!
Adam ganz einfach:
„der zur Erde gehörende Mensch".
Gott schafft Menschen
immer erstmalig,
immer einmalig,
immer versehen mit besonderer Würde,
immer der Erde verbunden,
immer zugehörig der alltäglichen Realität,
immer ausgestattet mit eigener Verantwortung.

Wenn das so stimmt,
dann ist das eine richtige Befreiung –
nicht nur von verhängnisvoller Irreführung,
sondern auch zur großartigen Berufung
für eine wahrhaft schöne Aufgabe.

Wo ist Gott?

Unten dabei ist Gott,
nicht irgendwo da oben,
nicht irgendwo jenseitig,
nicht irgendwo fernab...
Unten ist Gott,
unten unterwegs mit seinen Menschen,
unten im Lachen und Weinen,
unten in Hoffen und Bangen,
unten in Trauer und Freude,
unten, ganz sicher unten
im Alltag der einfachen Leute.

Unten dabei ist Christus,
nicht eingesperrt in irgendeiner Kirche,
nicht verfügbar in irgendwelchen Tabernakeln,
nicht verewigt irgendwie in frommen Büchern...
Unten ist Christus,
unten unterwegs mit seinen Schwestern und Brüdern,
unten im Leiden und Sterben,
unten in den Träumen von Gerechtigkeit,
unten im Handeln aus Liebe,
unten, ganz sicher unten
im Miteinander von dir und mir.

Unten dabei ist Gott,
unten dabei ist Christus –
gibt es mehr an Würde,
Wertschätzung und Freiheit?

BROT IST MEHR ALS NUR BROT

Brot ist mehr als nur Brot.
Es stärkt dich für den Tag
und gibt dir Kraft für den nächsten Weg,
es zeigt dir von Mahlzeit zu Mahlzeit,
dass du leben sollst,
es ist die Mühe und Arbeit vieler anderer Menschen,
die da vor dir auf dem Tisch liegt.
Und wenn du davon isst,
hast du tatsächlich den Geschmack von Gottes Güte
auf deiner Zunge.

Brot ist mehr als nur Brot.
Im Teilen mit anderen entsteht ein festlicher Tisch,
im Weitergeben an Bedürftige wirst du für fremde Menschen
zum Bruder und zur Schwester,
im achtsamen Umgang mit Brot kannst du deine Kinder lehren,
die Zukunft zu gestalten.
Und wenn du es segnest,
segnest du tatsächlich das Leben auf dieser Erde.

Brot ist mehr als nur Brot.
Der auferstandene Christus
reicht es dir als Zeichen seines Friedens,
den Tisch von damals
verlängert er in unsere Zeit und bis zu dir,
Regeln über Platzrecht an dieser Tafel gelten bei ihm nicht,
jede und jeder ist würdig und recht.
Und in der Tischgemeinschaft mit den Vielen
geht für dich tatsächlich schon ein stückweit
die Tür zum Himmel auf.

Brot ist eben mehr als nur Brot.

Saat und Ernte

„satt und sauber"
heißt vielfach die Devise
in unseren Pflegeeinrichtungen;
mehr geht nicht,
der Personalschlüssel
begrenzt die Zuwendung
und die betroffenen Menschen
müssen sich damit abfinden.

„satt werden und Zuflucht haben"
ist der Traum vieler Afrikaner
an den Grenzen zu Europa;
viele, die es auf die Boote treibt,
und tatsächlich hier ankommen,
sind schließlich bitter enttäuscht
von einer Gesellschaft,
die nicht mit ihnen teilt.

„satt und zufrieden"
lautet ein Titel unter hunderten
von Kochbüchern in der Buchhandlung.
Was allerdings nützt der ganze Boom
von ausgefallenen Rezepturen
der Hartz-IV-Empfängerin,
wenn sie bei der Tafel ihrer Stadt
nicht an die benötigten Zutaten kommt?

„Saat und Ernte",
verspricht uns Gott,
sollen nicht aufhören,
und wichtiger denn je
wird es sein für uns alle,
diese Gabe als Aufgabe zu begreifen
und Zukunft damit zu gestalten.

Reichtum und Armut

Wer sagt eigentlich, was Reichtum bedeutet,
wenn doch das Leben ganz und gar
ein einziges Geschenk ist?
Dann sind Lebensziele
nicht an den oberen Zehntausend auszurichten.
Dann ist Kapital etwas anderes
als das, was Banken und Börse vorgeben.
Dann kann die Konsumorientierung der Werbestrategen
getrost vernachlässigt werden.
Und nicht die Größe deiner Lebensleistung
gibt Auskunft über deinen Wert.
Was dich wirklich reich macht,
ist Gottes guter Segen,
und der ist einzig ein Geschenk!

Wer sagt eigentlich, was Armut heißt,
wenn doch das Leben ganz und gar
ein einziges Geschenk ist?
Dann ist jeder Mensch ausnahmslos
gezeichnet mit Einmaligkeit und Extravaganz.
Dann reicht schon einfaches Wasser und Brot,
um miteinander das Fest zu feiern.
Dann wird das Zirpen der Zikaden zum schönsten Konzert,
die Blüte der Blume am Weg zum Kunstwerk ohnegleichen,
und selbst die Erfahrungen von Schmerz und Verlust
werden sich dir nicht nur als Schattenseiten zeigen.
Was deine Armut also mit Würde versieht,
ist Gottes grenzenlose Liebe,
und die ist einzig ein Geschenk!

Fünf Brote und zwei Fische

Fünf Brote und zwei Fische
hatten sie in ihrer Tasche -
einfach lächerlich und unzureichend
bei fünftausend hungrigen Menschen.
Gebt ihr ihnen zu essen, sagte Jesus,
schärfte ihnen den Blick
für die jetzt gegebene Alltagssituation
und segnete Brot und Fisch.
Und dann öffneten sie tatsächlich die Tasche,
ließen das Wenige los,
öffneten die Herzen und die Hände –
und im Loslassen ereignete sich das Wunder.

So ist das eben:
wenn du dein Weniges mit anderen teilst,
macht Gottes Segen viel daraus;
wenn du mehr und mehr Dinge liegen lassen kannst,
wirst du viel Platz für das wirklich Wichtige gewinnen;
wenn du auf eingefahrene Denkmuster zu verzichten lernst,
wird dein Leben neue Perspektiven bekommen;
wenn du dich über althergebrachte Wege hinaus wagst,
wirst du über den weiten Horizont staunen;
wenn du deine Kinder nicht mehr an dich bindest,
werden sie zu einer eigenen Persönlichkeit;
wenn du dich am Ende selbst loslassen kannst,
dann wirst du erfahren,
dass Gott dich nicht los lässt.

So ist das eben:
nur wer los lässt,
hat die Hände frei.

Weniger ist mehr

Weniger ist mehr.
Ach, wenn doch auch meine Kirche diese Wahrheit
für unsere Zeit begreifen und leben könnte!

Weniger Aufwand für Papiere, Hochglanzprodukte
und Eigendarstellung.
Weniger davon
wäre mehr Alltagsnähe bei einzelnen Menschen
und wäre mehr an Glaubwürdigkeit
im Umgang mit Ressourcen.

Weniger Talare, Stolen und Collarhemden,
so sie „Amtsträger" und „Geistliche" über andere erheben.
Weniger davon
wäre mehr an Präsenz der Kirche inmitten aller Normalität
und wäre mehr an Würde und Wertschätzung
der kleinen Leute.

Weniger komplizierte Theologie
und lebensfremde Lehre.
Weniger davon
wäre mehr vom einfach gelebten Evangelium
des Jesus von Nazareth
mit seiner voraussetzungslosen Liebe Gottes.

Weniger machtvolle Inszenierung und Hierarchie
am erhöhten Altar.
Weniger davon
wäre mehr achtsame Wahrnehmung der Lebenswirklichkeit
und wäre wohl mehr eine offene Kirche
auch für Fragende und Skeptiker.

Tatsächlich: weniger wäre vielfach mehr
für meine Kirche und für unsere Zeitgenossen.

Was Gott in dieser Welt braucht

Wenn irgendeine Mauer
dein Leben eingrenzt,
dann ist noch lange nicht gesagt,
dass kein Licht und keine Liebe
in dein Dunkel fällt.
Und selbst mit all deinen Begrenzungen
verwirklichst du, so wie du bist,
einen besonders schönen Glanz.

Wenn irgendwelche Sorgen
deine Hoffnungen bedrohen,
dann ist noch lange nicht gesagt,
dass keine Träume mehr
in dir keimen dürfen.
Ganz sicher hat Gottes große Phantasie
schon längst damit begonnen,
dich auf einem neuen hoffnungsvollen Weg
zu begleiten.

Wenn irgendein Zweifel
deinen Glauben hinterfragt,
dann ist noch lange nicht gesagt,
dass Gottes guter Geist
dein Denken und Verstehen verlassen hat.
Gerade mit all deinen kritischen Fragen
entsteht etwas durch dich,
was Gott in dieser Welt noch braucht.

Am Getreidefeld

Wir sollten hin und wieder
am Getreidefeld stehen
und unsere Augen öffnen für eine Wirklichkeit,
die uns zunehmend aus dem Blick entschwindet.

Den Getreidehalm sehen
und staunen darüber,
welche Kraft im Samenkorn liegt,
wie aus Kleinem Großes entsteht,
wie sich Weniges in Viel verwandelt,
wie aus reifenden Ähren
das Brot für uns Menschen wird.

Vor allem und ganz besonders
die in Abständen vorhandenen Knoten
sollten wir sehen,
entstanden aus Stagnation
in einer Krise des Wachstums.
Aber eben diese Knoten sind es,
die Stabilität bewirken,
Kraft und Beweglichkeit verleihen
und schließlich dem Halm
die Fähigkeit ermöglichen,
obenauf das Korn zu tragen.
So sind auch die „Knoten" in meinem Leben,
mit all ihren schmerzhaften Erfahrungen
von bangen Zweifeln und ungelösten Fragen
besondere Zeiten für Reife und Segen.

Wir sollten tatsächlich
hin und wieder am Getreidefeld stehen.

KAUM ZU GLAUBEN

Kaum zu glauben,
dass solch ein Weinstock
mit seiner dürr wirkenden Gestalt
und seinem zerrissenen Stamm
noch Kraft und Saft zum Leben hat.
Kaum zu glauben,
dass er frische Reben treibt,
prall gefüllte Trauben bildet
und für einen schönen Abend mit guten Freunden
den hervorragenden Wein beschert.
Kaum zu glauben, aber wahr!

Kaum zu glauben,
dass unser ganzes Leben
auch mit Rissen, Furchen und Verletzungen,
mit allen Krisen und dürren Zeiten
dennoch und ganz sicher auf guten Wegen ist.
Kaum zu glauben,
dass Schatten dazu gehören,
Niederlagen erlaubt werden,
und ausgerechnet Bruchstücke und Fragmente
von Gott sehr wohl gesegnet sind.
Kaum zu glauben, aber wahr!

VERLETZUNGEN

Wenn Verletzungen deine Seele aufreißen
und deinem Leben Wunden schlagen,
wenn Narben noch schmerzen
wie ein Nagel im Fleisch,
wenn Kränkungen nachwirken
und dein Vertrauen lähmen,
wenn erlebtes Versagen
deine Fähigkeiten anzweifelt,
wenn verweigerte Wertschätzung
dich deiner Sinnhaftigkeit entleert,
wenn du wie ausgebeutet
schon lange auf neue Energie
für Leib und Seele wartest...
dann lass es dir als Trost zusprechen,
dass gerade in deiner Verletzlichkeit,
in deiner Schwachheit und Leere
eine besondere Verheißung wohnt,
dann lass es dir zur Hilfe werden,
dass Gott auch deine Klage erlaubt,
deine Fragen und Zweifel segnet,
dann lass es dir nicht überfromm einreden,
dass nur der starke und richtige Glaube heilt,
aber lass es dir zur Gewissheit werden,
dass Gottes achtsame Fürsorge
dich auch mit all deinen Verletzungen und Narben
Tag für Tag begleitet.

DEIN WEG

Nein, es ist nicht gesagt,
dass es für dich
nur den einen Weg gibt,
so als wäre die Richtung schon fest,
das Ziel bereits navigiert,
von irgendeinem Schicksal so bestimmt,
oder gar durch eine fromme Schablone
vorgegeben verordnet.
Deinen eigenen Weg darfst du gehen,
deinen ureigenen Weg,
ausgetretene Pfade verlassen,
unbeirrt Neues wagen,
den weiten Horizont in Blick nehmen,
von Umwegen profitieren,
ja selbst durch Irrwege
auf wichtige Erfahrungen stoßen.
Das Labyrinth deiner Wege
mit seinen vielfältigen Wendungen
will dich letztendlich
zur Mitte deines Lebens führen
und es ist eben nicht gesagt,
dass Gott in seiner Offenheit
deine ganz anderen Wege
nicht segnend begleitet.

DER DUFT DER ROSE

Den Duft der Rose
wieder spüren,
ihre Schönheit
wahrzunehmen,
Sinn und Zeit
für solche Extravaganz
zu haben,
ist manchmal wichtiger
als das tägliche Brot.

Die Rose,
das Schöne,
das Besondere,
das Außergewöhnliche
mir selbst
auch zu gönnen,
ist manchmal richtiger,
als immer nur
anderen
zu geben
und zu schenken.

Danke,
mein Gott,
dass du mir erlaubst,
mich selbst
wichtig und wertvoll
zu nehmen.

EIN WACHER MENSCH

Wenn ich am Ufer des Meeres stehe,
das Brausen der Wellen höre,
wenn sie schäumend den Sand erreichen
und die Gischt den salzigen Geruch
in meine Nase treibt,

wenn ich über Bergwiesen gehe,
links und rechts von meinem Weg
die Blütenpracht der Almen sehe,
die Kreise eines Adlers entdecke
und das Zirpen der Grillen
wie Musik meine Ohren betört,

wenn ich in meinem Garten sitze
und nebenan das Spiel der Kinder
meiner Nachbarn belausche,
später dann die junge Frau wahrnehme,
die ein Kind unterm Herzen trägt,

muss ich Christ sein,
um das alles richtig zu deuten?
muss ich „gläubig" sein
oder gar theologisch gebildet,
um dankbar und achtsam
all dieses Schöne zu würdigen?

Nein, muss ich nicht.
Mensch muss ich sein,
einfach nur wacher, offener Mensch.
Das genügt.
Das genügt auch Gott.

SERVUS

„Servus"
sagt eine mir fremde Tiroler Bergbäuerin,
der ich auf meinem Weg hinauf zur Alm begegne.
Wir kennen uns nicht,
ich bin Ausländer hier,
mich trifft ihr freundlicher Gruß
und heißt mich herzlich willkommen.
Fremd und doch aufgenommen -
einfach wohltuend.

„Buon giorno, buona gente" -
„guten Tag, gute Leute"
sagte Franziskus zu allen,
die ihm über den Weg liefen.
Was für eine Anrede,
die im anderen Menschen vorauseilend
zuerst das Gute und Liebenswerte sieht.
Voraussetzungslose Wertachtung -
einfach heilsam.

„Gnade und Friede sei mit euch"
sagt das Neue Testament,
und der Apostel grüßt damit seine Freunde.
Gottes Gnade, die immer wieder
den neuen Anfang zulässt,
und Gottes Friede,
der weit über unser Denken hinausgeht -
einfach hoffnungsvoll.

So grüße ich dich jetzt auch:
Servus,
guten Tag, du guter Mensch,
Gnade und Friede sei mit dir!

Schau Dir die Vögel an

Wenn Nachrichtenmeldungen
heutzutage immer wieder
von abnehmender Geldwertstabilität sprechen,
und wenn es nicht sicher ist,
dass unsere Vorsorge für kommende Jahre
ein sorgenfreies Leben garantiert,
dann schau dir die Vögel an,
die uns Jesus vor Augen malt
als Sinnbild für ein einfältiges Gottvertrauen
auch in allen Grundbedürfnissen
des täglichen Lebens.
Wenn tagtäglich
eine ganze Flut von Werbemittel
uns die notwendige Bedürftigkeit unterjubelt,
wenn du beginnst, deinen Wert
von den vielen materiellen Errungenschaften
abhängig zu machen,
dann schau dir die Vögel an,
die uns Jesus vor Augen malt
als Sinnbild dafür, wie ein Vater im Himmel
schon für das sorgen wird,
was du wirklich brauchst.
Und wenn du
am Morgen dein Haus verlässt
mit der ganzen Ungewissheit und Belastung
des vor dir liegenden Tages,
dann schau dir einfach die Vögel an.

VIEL VERGNÜGEN

„Viel Vergnügen",
sagt doch tatsächlich der Pfarrer
zur Begrüßung im Gottesdienst.
Welch ungewöhnlicher, aber schöner Gruß,
denke ich –
Gottesdienst mit Vergnügen.
Und wirklich, es tut gut,
was wir miteinander in der Kirche
erleben, beten, singen, schmecken, teilen.

Noch vergnüglicher macht mich allerdings,
was ich an diesem Vormittag höre und spüre:
es genügt.
Mein Tun und Handeln genügt.
Meine Mühe genügt.
Meine Frömmigkeit genügt.
Mein Glaube genügt.
Meine Lebensleistung genügt.
Meine Bildung genügt.
Meine Liebe genügt.

In einer Welt, in der vieles nie genug sein will,
ist es höchst vergnüglich,
dass mein Leben bei Gott schon längst genügt.
So gehe ich aus der Kirche
wieder in meinen Alltag.
Welch Vergnügen,
so im Leben unterwegs sein zu dürfen.

Rechthaber

Es sind, Gott sei Dank, zumeist nur jene,
die sich der Rechthaberei bedienen:
die bestimmen wollen in richtig oder falsch,
die sortieren in gut oder böse,
die einteilen in schwarz oder weiß.
Gott dagegen,
lässt Vielfalt und Gegensätzlichkeit zu,
erlaubt es, über Abgrenzungen und Normen hinauszugehen,
gestattet das Miteinander von Religionen und Kulturen,
beauftragt dich zur Versöhnung in aller Unterschiedlichkeit.

Es sind, Gott sei Dank, zumeist nur jene,
die sich der Rechthaberei bedienen:
die den kleinen Splitter beim anderen entdecken,
aber den Balken im eigenen Auge übersehen,
die trennen zwischen würdig und unwürdig,
die scheinbar bestimmen, wer heilig ist oder nicht.
Christus dagegen,
lässt jeden ohne Vorleistung an seinen Tisch,
reicht dir Brot und Wein, ohne nach deiner Konfession zu fragen,
beruft Männer und Frauen gleichwertig zum Dienst.

Es sind, Gott sei Dank, zumeist nur jene,
die sich der Rechthaberei bedienen:
die über gottgefällige Frömmigkeit verfügen,
die vorgeben, theologisch richtig zu liegen,
die angeblich zur rechtgläubigen Gemeinde gehören,
die vor fremden, unchristlichen Einflüssen warnen.
Gottes Heiliger Geist dagegen
stellt dir anders denkende Menschen zur Seite.
weitet dir den Blick für eine bunte Kirche der Vielfalt,
und macht dir sogar die Arbeit mit Besen und Putzeimer
zum Sakrament des Alltags.
Sei also gewiss: die Rechthaber haben nicht immer recht.

WIR TRAUEN UNS

„Wir trauen uns", habt ihr entschieden,
und ihr dürft das auch
mit einem großen Vertrauen
aus Liebe zueinander.
Wie eine Quelle soll es sein,
dieses Vertrauen,
für das Wagnis aller gemeinsamen Wege,
für das achtsame Entdecken eurer Verschiedenheit,
für einfühlsames Teilen eurer Fragen und Sorgen,
für das Aushalten eurer Stärken und Schwächen.

„Wir trauen uns", habt ihr entschieden,
und ihr könnt das auch
mit einem zuversichtlichen Vertrauen
bei allen kommenden Aufgaben.
Wie eine Quelle soll es sein,
dieses Vertrauen,
für eure gemeinsame Verantwortung in dieser Welt,
für das liebevolle Begleiten eurer Kinder,
für die Zeit, in der euch andere Menschen brauchen,
für die Herausforderung, miteinander eine Last zu tragen.

„Wir trauen uns", habt ihr entschieden,
und ihr sollt das auch
mit einem erwartungsvollen Vertrauen
zu dem, der euch segnet.
Wie eine Quelle soll es sein,
dieses Vertrauen,
für einen Glauben,
der immer neu den Aufbruch wagt,
für eine Hoffnung,
die euch und eure Mitmenschen ermutigt
und für eine Liebe,
die ihr als Empfangende nicht für euch behaltet.

DEN GLOBUS IN HÄNDEN

Ich nehme den Globus
von der Kommode
und halte gleichsam die ganze Erde
in beiden Händen.
Schön zu sehen in bunten Farben
fünf Kontinente,
umgeben von Ozeanen und Meeren,
schön zu sehen aus dieser Warte.

Doch was sich dahinter verbirgt
auf unserer Erde
im Großen und Kleinen,
an Schicksal und menschlicher Tragik,
in den Hütten der Armen,
in den Booten der Flüchtenden,
zwischen den Fronten
als Spielball der Mächtigen,
das alles liegt nicht
in meinen Händen.

So stelle ich
bittend und hoffend
den Globus zurück an seinen Platz,
und stelle das Leben der Vielen,
aber mein eigenes auch,
in deine Hände,
mein Gott.

FEIERABEND

„Feierabend"
sagt der Bergbauer
und hängt seine schweißnassen Stiefel
auf die Trockenvorrichtung.
Wie gut, dass ich am Abend
ebenso meine Füße baumeln lassen kann.
Unverrichtetes darf bleiben
und das Lückenhafte hat auch seinen Sinn.

„Feierabend"
sagt die Mutter der drei Kinder
und genehmigt sich schließlich bei schöner Musik
das gute Glas Wein.
Wie wohltuend, dass ich bei meinen Verantwortlichkeiten
auch die Grenzen beachten darf.
Fragmente sind erlaubt,
sie machen das Leben erst spannend.

„Feierabend"
sagt einer meiner Arbeitskollegen
und hängt seinen Beruf jetzt endgültig
an den Nagel.
Wie klug, sich Raum zum Leben zu nehmen.
Mein Dasein ist mehr als die Summe aller Erfolge
und viel mehr als das,
was ich mir im Alter noch leisten kann.

„Feierabend" darf sein!
schreibt doch selbst der unermüdliche Apostel
uns allen ins Stammbuch:
„Gott, der in euch angefangen hat sein gutes Werk,
der wird schon Sorge dafür tragen,
dass alles auch zur Vollendung kommt."

DIE PRACHT DER BLUMEN

Wenn ich die Pracht
der Blumen anschaue,
den Charme ihrer Sommerkleider,
die Einzigartigkeit in all ihrer Vielfalt,
das Leuchten ihrer Farben und Blüten,
den Kelch in ihrer Mitte,
der so extravaganten Duft verströmt,
die faszinierende Schönheit
für nur ein paar Tage ihres Daseins,

dann schaue ich
in den Glanz der Liebe meines Gottes,
der auf allem Irdischen liegt,
dann schaue ich
den überreichen Segen,
den der unvergänglich Ewige
dem Vergänglichen gibt,
dann bin ich tatsächlich Jesus auf der Spur,
der das Blumen-anschauen denen empfiehlt,
die Gott in ihrer Nähe suchen.

Diese „Theologie für Jedermann",
diese „Offenbarung für kleine Leute"
hat mehr an Wahrheit, Weisheit und Tiefe
als alle dogmatischen Systeme
aus Reden und Büchern
klugfrommer Lehrmeister.
Und zu ihnen will ich gehören,
die so durch Blumen hindurch
Gott ins Angesicht schauen.

DAS GEHEIMNIS VON KRAFT

Sie schmerzen nach wie vor,
die Wunden,
die mir das Leben geschlagen hat.
Doch in ihren Vernarbungen
liegt das Geheimnis von Stabilität.
Stabilität, die mich
in aller Unsicherheit
vor neuen Herausforderungen
trotz Ängste und Zweifel
den Blick nach vorne werfen lässt.

Sie schmerzen nach wie vor,
die Enttäuschungen,
die mir geplatzte Träume
hinterlassen haben.
Doch in ihren leeren Furchen
liegt das Geheimnis von Kraft.
Kraft, die mich
offen macht für andere
mit ihrer Sehnsucht nach Bergung
und Halt.

Solche Erfahrung
von Verwundung und Schmerz
scheint dem Recht zu geben,
der für sich sagen konnte,
„wenn ich schwach bin,
bin ich stark".

Du bist gut!

Sie vermitteln dir ihren erhobenen Zeigefinger
und verweisen auf vorgegebene Forderungen.
Christus sagt, du bist gut!

Sie messen mit ihren Schablonen
von frommer Moral
und schaffen damit Schuldgefühl und Angst.
Christus sagt, du bist gut!

Sie agieren mit angeblich biblischen Beweisen
und meinen zu wissen,
dass alles Menschliche am Menschen böse sei.
Christus sagt, du bist gut!

Sie zelebrieren Macht demonstrierend
an erhöhten Altären
und lassen dich in ihrer Werteskala weit unter sich.
Christus sagt, du bist gut!

Wirklich und tatsächlich: du bist gut!
Ohne Wenn und Aber.
Aus. Ende. Fertig. Basta. Amen.

GOTTESDIENST AM KOMPOSTHAUFEN

Mit schwarzer Erde unter den Fingernägeln
und mit dem Spaten in der Hand
fange ich an zu beten,
fange ich an zu danken, mein Gott,
für alles, was ich gerade erlebe,
was ich sehe, schaue, spüre, rieche, berühre
beim Umsetzen des Komposthaufens
in unserem Garten.
Die Erde riecht so gut,
deine Erde, Gott,
nach Hoffnung und Lebendigkeit.
Abfall war alles noch vor Monaten,
über´s Jahr ist es fruchtbare Erde geworden.
Unscheinbare Kräfte waren am Werk,
Würmer haben Verwandlung geschaffen,
schier unsichtbare Organismen
haben anhaltend nach und nach
Neues hervorgebracht.
Mein Gott,
lass mich das alles als Bild verstehen
für mein eigenes Leben:
schon längst hast du damit begonnen,
zärtlich, liebevoll, meist verborgen
Segen hervorzubringen
aus alledem,
was so ungeordnet und bruchstückhaft
zu mir gehört.
Aus alledem
darf der Geruch nach Verwandlung
und Lebendigkeit entstehen.
So danke ich dir für dieses Wunder
und feiere staunend Gottesdienst
mit dem Spaten in der Hand
an diesem Haufen fruchtbarer Erde.

MEIN DORF

Es gibt viel Schönes
in meinem Dorf,
richtig Gutes gibt es hier.
Freundliche Nachbarn,
hilfsbereite Mitbürger,
lebenslustige Kinder,
redselige Senioren,
ordentlich bestellte Gärten,
den Dorfplatz für Feste und Feiern,
verkehrsberuhigte Straßen,
nahe Einkaufsmöglichkeiten,
ringsum Wälder und Wiesen,
die Ruhe auf dem Land
und so manches andere dazu.
Eines aber
ist besonders gut
für mich
in meinem Dorf,
allabendlich spüre ich
seinen Segen:
es ist das Abendgeläut
unserer Glocke.
Wie tut das einfach gut,
mit ihr zusammen
beten und bitten zu dürfen
„Herr, bleibe bei uns,
denn es will Abend werden
und der Tag geht zu Ende".
Und damit
ist tatsächlich
alles gut
für mein Dorf,
für die Menschen hier
und für mich.

PFLEGE

Pflege deinen Körper.
Unvergleichbar schön ist er.
Falten und andere Auffälligkeiten
gehören auch zu dem, was gut an dir ist.

Pflege deine Ehe und Partnerschaft.
Über die Maßen reich bist du durch diesen einen Menschen,
und zusammen hat euch Gott
auf einen verheißungsvollen Weg gestellt.

Pflege deine Begabung.
Unermesslich wertvoll ist deine ureigene Art von Fähigkeiten.
Unsere Welt wäre wahrhaft ärmer ohne dich.

Pflege deine Freundschaften.
Heilsam ist solche Begleitung durch Freund oder Freundin.
Sei achtsam für deren Wahrnehmung und verliere darüber
andere Menschen nicht aus dem Auge.

Pflege dein Zuhause.
Urtümlich und wohltuend soll es sein.
Vergiss aber nicht, dass bei gastfreundlichen Menschen
immer wieder auch Engel einkehren.

Pflege deinen Garten.
Selbst wenn du keinen Quadratmeter Boden besitzt,
so wirst du doch dafür gebraucht,
einen kleinen Teil der großen Schöpfung fürsorglich zu bewahren.

Und sei gewiss:
bei aller Pflege samt seinen Aufgaben kannst du darauf vertrauen,
dass Gottes pflegende Hände
schon immer und künftig ebenso
dein ganzes Leben umgeben.

GOTT SEI DANK

Gott sei Dank,
es ist nicht abnormal,
Ängste zu haben
und manchmal wie vor Scherben
zu stehen.

Gott sei Dank,
es ist nicht verwerflich,
hin und wieder an Gott zu zweifeln
und nach seiner Gerechtigkeit
zu fragen.

Gott sei Dank,
es ist nicht ausgeschlossen,
hoffnungslos zu werden
und die weggeblasenen Perspektiven
zu fühlen
...all das
kann und darf
mir auch als Christ
passieren.

Gott sei Dank,
dass Christus in alledem
mein Bruder geworden ist,
die tiefsten Tiefen des Lebens kennt,
mir in alledem
mit großer Liebe begegnet
und mittendrin
mir immer wieder
seinen Tisch deckt.

Hymnus der Milliarden Jahre

Was war das eine Symphonie,
als in Milliarden von Jahren
in diesem Sonnensystem
unsere Erde entstand,
als sich krachend die Gebirge auftürmten,
die Vulkane ihre Lava schleuderten
und sich bebend die Erdplatten verschoben.

Was war das ein Lobgesang,
als Gräser, Blumen und Bäume begannen,
mit Blättern und Blüten im Wind zu flattern,
als schwimmende, dann kriechende,
dann fliegende und laufende Kreaturen
ihre Signale dazu gaben,
als schließlich der Erdling Adam
nach und nach seine Stimme fand und formte.

Da soll mir noch mal einer sagen,
es würde nicht zusammenpassen,
die Entwicklung aller lebenden Wesen
und der Glaube an den Schöpfer.
Wer es hören will, der kann es hören,
das Konzert der Evolution
zu Ehren dessen, von dem sie kommt,
und auf den hin alles zuläuft.

Wir beide, du und ich,
stehen mitten drin
und dürfen ihn mitsingen,
den „Hymnus der Milliarden Jahre".

SO SPIELT DAS LEBEN

Prall gefüllt,
gleich daneben dürr und leer;
himmelhoch jauchzend
und auch zu Tode betrübt –
so spielt das Leben.

Wie zwei Geschwister
gehören sie zusammen:
die kreative Kraft und Lust
mit allen Fasern meines Lebens
und gleichsam energieloser Stillstand
aus Depression und Trauer.

Wie zwei Geschwister
gehören sie zusammen:
das volle Vertrauen zu meinem Gott
in allen Belangen
und gleichsam tiefer Zweifel
an seiner Hilfe und Allmacht.

Das Leben ist nie einerlei,
die Gegensätze sind ihm zu Eigen,
die Höhen und die Tiefen,
sie zusammen und beieinander
sind der ganze Segen.

MARIA

Meine liebe Maria,
nicht unbefleckte Jungfrau
nenne ich dich,
nicht heilige Gottesmutter,
nicht heldenhaft opfernde Pieta,
nicht Gekrönte,
nicht Gebenedeite
und auch nicht nach oben
verschwundene Himmelskönigin.

Meine liebe Schwester
bist du,
ganz elementar irdisch,
real für meinen Alltag,
hilfreich für meinen Glauben,
vorbildhaft im Hören und Empfangen,
beispielhaft als starke,
selbstbewusste Frau,
und als solche
lasse ich dich nicht los.

Offenheit und Vertrauen
will ich von dir lernen
für das, was Gott
auch mit mir vorhat.
Erwarten will ich wie du,
dass Gottes Geist
auch durch mich
das eine oder andere,
verändern kann und will.
Und einstimmen will auch ich
in den Lobgesang der Vielen wie du,
meine liebe und gute
Schwester Maria.

Was bleibt?

Was bleibt,
wenn ich gehe?
Was bleibt,
wenn ich aufbreche
in einen neuen Abschnitt
meines Lebens?

Sind es die Menschen,
die mir hier begegneten,
sind es die Erfahrungen
miteinander auf dem Weg?
Ist es der Spaß, den wir teilten,
und das Lachen aus purer Freude?
Ist es der Schmerz,
den es auszuhalten galt,
oder die Trauer um das,
was nicht festzuhalten war?
Bleibt, was wir an Offenheit
und Weite erleben durften,
bleibt der Segen,
der gerade aus Fragen
und Zweifel entstehen kann?
Bleiben Vertrauen und Zuversicht
in den alltäglichen Herausforderungen,
bleiben Mut und Kraft
für die Aufgaben am neuen Platz?

Das eine oder andere wird bleiben,
vielleicht mehr als ich ahne,
wenn du es willst, mein Gott.
Vor allem aber gilt:
Du bleibst –
und das ist mehr als genug.

WENN ICH STERBE

Wenn ich sterbe,
dann führt mich
mein „Bruder Tod",
wie Freund Franziskus
so schön sagt,
von hier nach dort.
Zum Bruder und Wegbegleiter
hat ihn mir Christus gemacht,
den Tod.
Mehr oder weniger
ist er nicht.

Wenn ich sterbe,
dann hört nicht auf,
was bisher auch schon galt,
wie meine Bibel sagt:
Die Liebe Gottes
und seine Gnade
umgeben das Leben
hier und dort.
So bleiben wir
in seiner Liebe
verbunden.

Wenn ich sterbe,
dann geht
das Leben weiter,
wie man ganz richtig sagt.
Jetzt ist es notwendig,
los lassen zu können,
von hier nach dort,
und das ist möglich,
weil Gott
uns nicht los lässt.

VERGESSEN

Vergessen habe ich sie,
ein paar letzte Äpfel
draußen am Baum im Garten.
Der Schnee des Winters
liegt nun auf ihrer noch leuchtenden Farbe,
doch bald werden Vögel und Fäulnis
sie endgültig entsorgen.

Vergessen habe ich es,
was alles notiert war,
wohlgeordnet auf meiner Einkaufsliste.
Zuhause liegt sie jetzt,
in Eile übersehen auf dem Küchentisch.
Wieder einmal ist nicht komplett,
was ich beim Heimweg im Warenkorb trage.

Vergessen habe ich schon
den Vers aus einem der Psalmen,
der mir so Mut machend am Morgen
auf dem Blatt im Kalender begegnete.
Nein, verwerflich ist das nicht,
doch drückt mich das Gefühl,
ich hätte eine Stütze verloren.

Vergessen werde ich
in meinem Alltag sicher noch vieles.
Vergessen will ich aber nie,
solange ich klar denken und verstehen kann,
dass trotz meiner Vergesslichkeit
mein Leben an keinem meiner Tage
bei dir, Gott, je vergessen ist.

WEIHNACHTEN

Weihnachten nur einmal im Jahr
ist mir zu wenig.
Ausgerechnet abseits
von herausgeputzten Festtagen
möchte ich es spüren,
dass Gott in meiner Alltäglichkeit
ganz menschlich nahe ist,
meinen Stall und Stallgeruch
mit mir teilt
und in das ausgetrocknete Stroh
meiner Fragen, Zweifel und Sorgen
seine grenzenlose Liebe legt.

Weihnachten nur einmal im Jahr
ist allemal Gott zu wenig.
Ganz und gar nicht ist es seine Art,
heilige Tage zu bestimmen
oder feierliche Hochaltäre
zu präsentieren.
Das steinige Hirtenfeld
ist sein Begegnungsort,
in die Nächte voll Angst und Sorgen
sendet er seine Boten
und sein Weihnachtssegen gilt erst recht,
wenn alle Glitzerromantik erloschen ist.

Hinauf zu den Sternen

Schau hin und wieder hinauf zu den Sternen
und lass dir vor Augen führen,
in welche Weite des Universums
dich dein Schöpfer
hineingestellt hat.
Es kann dir zum befreienden Sinnbild werden
für die Weite und Offenheit eines Glaubens,
der aus Ängstlichkeit und Enge herausführt.

Schau hin und wieder hinauf zu den Sternen
und lass dir vor Augen führen,
dass dein Platz unten ist
in den irdischen Verhältnissen
und alltäglichen Strukturen.
Es darf dir zum tröstlichen Sinnbild werden,
dass dein Gott
auch ganz irdisch unten dabei ist
und dir mit großer Liebe
hier auf der Erde viel zutraut.

Schau hin und wieder hinauf zu den Sternen
und lass dir vor Augen führen,
dass du im Leben unterwegs bist
und immer wieder der Orientierung bedarfst.
Es soll dir zum ermutigenden Sinnbild werden,
wie Menschen längst vor dir
den Aufbruch wagten
und von göttlichem Licht
in allem Weitergehen begleitet wurden.

JAHRESRINGE

Jahresringe

verhaltene Zeichen vergangener Jahre
eines Baumes.

Und auch zu dir gehören sie,
die Spuren aus vergangenen Zeiten
in deinem Leben,
Spuren aus schönen und schwierigen Tagen,
Spuren aus der Begegnung mit Menschen,
Spuren der Entwicklung,
aber auch Spuren von Verletzungen
und Niederlagen.

Trage sie in dir,
bewahre sie als wertvoll in deiner Seele,
sei achtsam für deine Persönlichkeit,
empfinde Wertschätzung
auch für die Falten in deinem Gesicht
und danke Gott für alles,
ausnahmslos für alles,
was dich zu dem gemacht hat,
was du jetzt bist.

Versöhnt mit allem, was war,
was jetzt ist
und was noch kommt,
bist du gesegnet

GOTTES SEGEN

Gott segne dich
mit Weitblick für diese Welt
und mit dem Blick der Liebe für unsere ganze Erde.
Er segne dich mit dem Blick der Achtsamkeit
für das Naheliegende in deinem Alltag
und mit dem Blick der Wertschätzung
für die Menschen um dich.

Gott segne dich
mit dem Blick des Willkommenseins
für alle Fremden
und mit dem Blick der Fürsorge
für alle, die ein Zuhause suchen.
Und ebenso segne dich Gott
mit dem Blick der Dankbarkeit
für dich selbst
und mit dem Blick der Wachsamkeit
für dein eigenes Leben.

So segne dich unser guter Gott,
der immer schon und immer wieder
sehr freundlich dich im Blick hat.
Amen.

Bildnachweis